I0008454

¡ARDE PARÍS OLÍMPICO!

Distopía de la Ciberseguridad

Mundial

Zodiaco Carrillo

© copyright by Victor Manuel Carrillo Cabrera

Curriculum

Víctor Manuel Carrillo Cabrera nacido el 4 de febrero de 1953 en la Ciudad de México, egresado de la Facultad de Economía de la UNAM. Institución educativa de enorme reconocimiento por su nivel de preparación y de investigación que, año con año, se esmera por mejorar para seguir dando brillo y mantener su prestigio. Por otro lado, se tiene su función social con el aporte de sus egresados al desarrollo, en todo lo largo y ancho del país.

Empleado en lo que fuera la Secretaria de Patrimonio y Fomento Industrial. En la Subtesoreria de Recursos Financieros del Instituto Mexicano del Seguro Social, también de gran labor social en todo el territorio nacional y profesor del Colegio de Bachilleres en el área de Historia y Ciencias Sociales por más de 30 años.

La inquietud por continuar investigando desde temas milenarios como el dictado de las estrellas. El aporte de los trascendentales escritores y pensadores que nos han marcado el camino y, que, por lo tanto, hay que retomar. Hasta los retos que nos plantea la actual y futura evolución de la tecnología. Resulta ser una tierra fértil por arar y que nos inicia como escritor.

A sus órdenes

Agradecimientos

Este Libro es gracias.

Desconocida Lilia Álvarez Nuestra Api, junto a Celia y Aurelio pilares de los Torres Franco y Carrillo Franco, contigo era el centro del universo.
Padres Rita y Ausencio por esforzarse con cariño y disciplina para hacernos gente de bien, a mi hermano y a mí.
Mamá Cruz por la vida y cariño a todos sus hijos e hijas.
Hermano Juan y hermanas Adriana, Miriam y Angelica por todo su cariño y respeto

que me ha fortalecido a lo largo del camino.

Hija Paulina Jacqueline e hijos Victor Manuel, Octavio Aurelio y Victor Alberto. Que me llenan de orgullo con su amor y esfuerzo

Prólogo

Estimado lector,

Me llamo Zodiaco Carrillo y, a mis 71 años, he recorrido un camino largo y lleno de aprendizajes que hoy deseo compartir con ustedes a través de este libro. Desde mi querido México, he sido testigo de los retos y las maravillas que la vida puede ofrecer, y siempre he creído firmemente en el poder de la responsabilidad, el esfuerzo y la superación personal.

Este libro que tienes en tus manos es más que una historia; es una aventura vibrante y emocional que te llevará al borde de tu asiento. A lo largo de sus páginas, vivirás junto a los personajes una serie de desafíos monumentales, y serás testigo de cómo la valentía, la inteligencia y el trabajo en equipo pueden superar cualquier obstáculo.

La trama de este thriller enigmático y lleno de acción se centra en una crisis de telecomunicaciones que amenaza la estabilidad mundial justo antes de los Juegos Olímpicos de París 2024. A través de los ojos de un grupo de expertos internacionales, cada uno con su propia historia y personalidad, descubrirás el inmenso poder de la cooperación global y la importancia de los valores humanos.

Quise que este libro fuera un reflejo de la realidad actual, con sus complejidades y desafíos, pero también con su esperanza y posibilidades. En un mundo donde la falta de cooperación y los conflictos parecen ser la norma, esta historia destaca la importancia de la unidad y el entendimiento mutuo.

Los protagonistas, provenientes de diferentes partes del mundo, representan la diversidad y la riqueza cultural que nos define como humanidad. Sus historias personales, cargadas de emociones y conflictos, nos enseñan que, más allá de nuestras diferencias, todos compartimos la misma esencia y los mismos sueños.

Este libro también es un llamado a la juventud, a quienes siempre he querido orientar y motivar. La excelencia académica y tecnológica no solo es un objetivo, sino una necesidad urgente para el futuro. A través de la superación personal y el esfuerzo constante, podemos alcanzar grandes logros y contribuir significativamente al progreso global.

Como autor, me siento profundamente agradecido por la oportunidad de compartir esta historia con ustedes. Mi esperanza es que al leerla, sientan la misma pasión y emoción que yo sentí al escribirla. Que encuentren en estas páginas la inspiración para enfrentar sus propios desafíos y la motivación para nunca dejar de superarse.

Acompáñenme en este viaje apasionante, lleno de momentos de peligro, seducción, romance y heroísmo. Juntos, descubriremos que, incluso en los momentos más oscuros, siempre hay una luz al final del túnel, y que la verdadera fortaleza reside en nuestra capacidad de unirnos y luchar por un bien común.

Con gratitud y esperanza,

Zodiaco Carrillo

Índice de Capítulos

Descripción: Una profunda exploración de la importancia crítica de las telecomunicaciones en la era moderna. Desde satélites espaciales hasta redes financieras, se devela cómo nuestra sociedad depende de una conectividad constante y fiable. Se establecen los cimientos para entender el caos que se avecina.

Descripción: Del 1 al 8 de junio de 2024, la NASA reporta las primeras fallas. La ONU actúa con rapidez, convocando a un Comité Técnico de Expertos Internacionales. Conocemos a los cuatro expertos iniciales: Klaus Müller de Alemania, Hiroshi Takeda de Japón, Ji-Hoon Park de Corea del Sur y Amélie Dubois de Francia. Las primeras tensiones y personalidades emergen

.

Capítulo 3: Un Nuevo Héroe en la Escena

Descripción: Del 9 al 15 de junio de 2024, en una reunión en Francia, Hiroshi Takeda sugiere la inclusión del mexicano Eneas Robinson del CINVESTAV. La entrada de Eneas añade una nueva dinámica al grupo, quien a su vez sugiere la participación del experto chino, Li Wei.

Capítulo 4: Bloqueo y Desesperación

Descripción: Del 16 al 22 de junio de 2024, mientras el equipo recopila información en Japón. ONU solicita al Comité traslado a Alemania. China niega incorporación de Li Wei. El Comité Olímpico Internacional (COI) sufre retrasos y solicita apoyo a la ONU. Situación que pone al Comité en un estado de máxima alerta.

Capítulo 5: Un Vínculo del Pasado

Descripción: Del 23 al 29 de junio de 2024, el Comité trabaja frenéticamente en Alemania. Eneas sugiere le autoricen viajar a China para convencer a Li Wei gestionar su incorporación y, de no ser posible, pedir su diagnóstico.

Capítulo 6: Comité Completo y Nuevas Dinámicas

Descripción: Del 30 de junio al 6 de julio de 2024, ahora China solicita la inclusión de Li Wei en el Comité. El Dr. Müller tiene como colaboradora a su hija la bella y capaz Marion que inicialmente está predispuesta a Eneas. Surgen nuevas estrategias para enfrentar la crisis.

Capítulo 7: La Sombra de la Conflagración

Descripción: Del 7 al 13 de julio de 2024, el COI y el Gobierno Francés aumentan la presión sobre la ONU y el Comité. En un esfuerzo heroico y combinado, el equipo promete presentar una solución definitiva para el 10 de julio. La tensión casi incendia al mundo y a Francia.

Capítulo 8: Gasolina al Fuego

Descripción: Del 14 al 20 de julio de 2024, retornan variaciones descubriendo que son actos de sabotaje por parte de una mafia europea. Tres expertos son secuestrados, incluyendo a Eneas. Ingenia una acción arriesgada y valiente que activa a la policía

.

Capítulo 9: La Promesa del Futuro   84

Descripción: Del 21 al 26 de julio de 2024, con los Juegos Olímpicos de París 2024 a punto de comenzar, el Comité finalmente consigue estabilizar las telecomunicaciones. La inauguración se realizó con éxito. Eneas y Marion consolidan su romance.

Capítulo 10: Más Allá del Horizonte   91

Descripción: Del 27 de julio al 30 de septiembre de 2024, el Comité de Expertos se mantiene activo, supervisando el desarrollo seguro de los Juegos Olímpicos. Se establece una nueva política educativa mundial para promover la excelencia tecnológica. La ONU emerge con un poder renovado, preparada para sancionar cualquier amenaza futura a la estabilidad global. Las relaciones personales y profesionales del equipo se consolidan, sentando las bases para un futuro de cooperación y respeto mutuo.

Capítulo 1: Ecos de la Conexión

El mundo en el que vivimos hoy está intrincadamente tejido con hilos invisibles de tecnología y telecomunicaciones. La economía global, la política, la cultura y, en gran medida, nuestras vidas personales dependen de una red vasta y compleja de conexiones que, en su mayoría, pasan desapercibidas en nuestro día a día. Sin embargo, cuando estas conexiones se interrumpen, el impacto es inmediato y devastador, recordándonos cuán fundamental es esta infraestructura para el funcionamiento de nuestra civilización.

La Economía Global y la Conectividad

El corazón de la economía global late al ritmo de las telecomunicaciones. Desde las transacciones bursátiles en Wall Street hasta el comercio electrónico que permite a un pequeño artesano en África vender sus productos a clientes en Europa, todo está entrelazado. Las empresas multinacionales gestionan sus operaciones a través de continentes, coordinando en tiempo real gracias a las videoconferencias y las redes de datos. Los bancos transfieren miles de millones de dólares a través de sistemas seguros y encriptados, cada movimiento registrado y confirmado al instante.

La interrupción de estas telecomunicaciones significaría caos. Las bolsas de valores se congelarían, las cadenas de suministro se romperían, y los mercados financieros entrarían en pánico. La globalización, con todas sus ventajas y complejidades, está sostenida por la delicada estabilidad de estas redes. La capacidad de adaptarse y responder rápidamente a los cambios del mercado es esencial, y sin una infraestructura de telecomunicaciones confiable, la economía global sería incapaz de sostener su ritmo actual.

Política y Telecomunicaciones

En el ámbito político, la tecnología ha transformado la forma en que se gobiernan los países y cómo se comunican los líderes mundiales. Las cumbres internacionales, que antes requerían viajes largos y costosos, ahora pueden realizarse virtualmente. Las decisiones políticas se toman con información actualizada al minuto, y los líderes pueden reaccionar rápidamente a las crisis emergentes.

Sin embargo, la dependencia de las telecomunicaciones también introduce vulnerabilidades. Los ciberataques pueden desestabilizar gobiernos, manipular elecciones y sembrar discordia. Los conflictos nacionales e internacionales a menudo incluyen una dimensión cibernética, donde la guerra se libra no solo en el campo de batalla, sino también en las redes digitales.

Cultura y Conectividad Global

Culturalmente, las telecomunicaciones han creado una aldea global. La música, el cine, la literatura y otras formas de arte y entretenimiento viajan a través de fronteras sin esfuerzo. Las redes sociales conectan a personas de todos los rincones del planeta, facilitando el intercambio de ideas y experiencias. Movimientos sociales y políticos pueden ganar tracción mundial en cuestión de horas, uniendo a personas en torno a causas comunes.

Pero esta conectividad también expone fracturas. Los nacionalismos resurgen con fuerza en muchos países, exacerbados por la desinformación y las noticias falsas que se propagan rápidamente en las redes sociales. La falta de cooperación internacional y los conflictos políticos y económicos entre naciones ponen en riesgo la estabilidad y el desarrollo global. En un mundo tan interconectado, los problemas de una nación pueden rápidamente convertirse en problemas de todos.

La Responsabilidad Global

Con una población mundial de 8,000 millones de personas repartidas en cerca de 200 países, la responsabilidad de mantener la estabilidad recae en todos nosotros. Cada ciudadano del mundo juega un papel, desde los líderes que toman decisiones hasta el individuo que simplemente comparte una noticia en sus redes sociales. La cooperación y la comprensión son más esenciales que nunca.

Los conflictos y la falta de cooperación tienen un costo elevado. Las guerras y las disputas territoriales no solo causan sufrimiento humano inmediato, sino que también desvían recursos y atención de problemas globales como el cambio climático, la pobreza y las pandemias. La rivalidad entre naciones puede obstaculizar los avances tecnológicos y científicos que son vitales para el progreso y la supervivencia de nuestra especie.

La Fragilidad de la Paz y el Progreso

Los eventos recientes han demostrado cuán frágil puede ser la paz y el progreso. La pandemia de COVID-19 resaltó la necesidad de cooperación global y la rapidez con la que pueden desmoronarse las estructuras sociales y económicas. La invasión de Ucrania por Rusia, las tensiones en el Mar de China Meridional y los conflictos en Oriente Medio muestran cómo los viejos conflictos pueden reavivarse y cómo las telecomunicaciones juegan un papel en la diplomacia y la guerra.

La ONU y otras organizaciones internacionales trabajan incansablemente para fomentar la paz y la cooperación, pero enfrentan desafíos inmensos. La diplomacia es una danza delicada, y cualquier error puede tener consecuencias devastadoras. La comunidad internacional debe estar unida, enfrentando juntos los desafíos y apoyándose mutuamente para construir un futuro más seguro y próspero.

La Visión de un Futuro Unido

A pesar de los desafíos, hay esperanza. La tecnología, cuando se utiliza para el bien común, tiene el potencial de unirnos y ayudarnos a superar los obstáculos más difíciles. La educación y la innovación son claves para este futuro. Debemos invertir en el desarrollo de talentos y en la creación de políticas educativas que promuevan la excelencia académica y tecnológica en todos los países.

Es esencial que las generaciones futuras comprendan la importancia de la cooperación global y el respeto por los valores humanos. Humildad, responsabilidad, honestidad, respeto, gratitud, prudencia y sensibilidad deben ser los pilares sobre los cuales construimos nuestra sociedad. Estos valores no solo fortalecen a las comunidades, sino que también fomentan un ambiente de colaboración y respeto mutuo.

Conclusión: Un Llamado a la Acción

El camino hacia un futuro mejor requiere el esfuerzo conjunto de todos nosotros. Debemos trabajar incansablemente para mantener la estabilidad y la paz, utilizando las telecomunicaciones y la tecnología como herramientas para el bien común. La ONU y otros organismos internacionales necesitan nuestro apoyo y cooperación para implementar sanciones ejemplares contra aquellos que amenazan la estabilidad global.

Este es un momento decisivo en la historia de la humanidad. Tenemos el poder y la responsabilidad de construir un mundo mejor para las generaciones futuras. Un mundo donde la tecnología y las telecomunicaciones nos unan en lugar de dividirnos. Un mundo donde la cooperación internacional prevalezca sobre el conflicto y donde todos los países trabajen juntos para enfrentar los desafíos globales.

La estabilidad y el desarrollo del mundo actual depende de nuestra capacidad para trabajar juntos, respetando y promoviendo los valores humanos fundamentales. Solo así podremos garantizar un futuro seguro y próspero para todos.

Capítulo 2: El Primer Corte

La Alarma Inicial

Al inicio de junio de 2024, una ola de preocupación se extendió por la NASA y la Estación Espacial Internacional. Los técnicos en el centro de control notaron problemas intermitentes de comunicación con los satélites en órbita y la Estación Espacial. Al principio, parecía un problema técnico menor, uno de los muchos que el personal de la NASA resuelve a diario. Pero a medida que pasaban las horas, quedó claro que la situación era mucho más grave.

Los datos críticos, que normalmente fluían sin problemas desde el espacio hacia la Tierra, comenzaron a mostrar anomalías inexplicables. Las señales se cortaban de repente, las velocidades de transmisión fluctuaban drásticamente, y por algunos momentos, la comunicación se interrumpía por completo. La NASA, una organización acostumbrada a manejar crisis, se encontró enfrentando un problema que superaba sus capacidades técnicas.

Una Crisis Global

El problema no se limitaba a la NASA. Pronto, los Departamentos de Defensa, Centros de Investigación, Centros Financieros y Universidades de todo el mundo reportaron fallos similares. Los sistemas de comunicación, que son la columna vertebral de la seguridad mundial, la economía global y la investigación científica, estaban fallando. Los Centros Financieros, que dependen de transacciones en tiempo real, vieron cómo sus operaciones se ralentizaban o se detenían. Las universidades y centros de investigación, donde la colaboración internacional es esencial, se encontraron incomunicados, incapaces de compartir datos y descubrimientos.

La gravedad de la situación no podía ser subestimada. La comunicación moderna es el eje sobre el cual gira nuestra civilización. Sin ella, la estabilidad y el progreso se tambalean. Ante tal magnitud de la crisis, los líderes mundiales sabían que necesitaban una solución rápida y efectiva. Se solicitó la intervención de la ONU, con la esperanza de que una coalición internacional pudiera abordar el problema con la urgencia que se requería.

La ONU Responde

El 3 de junio, la ONU convocó una reunión de emergencia en su sede en Nueva York. Representantes de todo el mundo se reunieron para discutir la crisis. Tras largas deliberaciones, se decidió formar un Comité Técnico de Expertos Internacionales, compuesto por los mejores y más brillantes en el campo de las telecomunicaciones. Cuatro expertos fueron seleccionados:

- **Klaus Müller** de Alemania: Un ingeniero de telecomunicaciones veterano, conocido por su trabajo en sistemas de comunicación segura para el gobierno alemán.
- **Hiroshi Takeda** de Japón: Un científico visionario, cuyas innovaciones en redes de datos de alta velocidad habían revolucionado la industria.

27

- **Ji-Hoon Park** de Corea del Sur: Un experto en ciberseguridad, famoso por su capacidad para detectar y neutralizar amenazas en infraestructuras críticas.

- **Amélie Dubois** de Francia: Una ingeniera de telecomunicaciones cuyas contribuciones a las tecnologías espaciales la habían colocado en el pináculo de su campo

El Primer Encuentro

El 5 de junio, los cuatro expertos se reunieron en la NASA, en Houston, Texas. El ambiente estaba cargado de urgencia y tensión. A medida que se presentaban, se podía sentir la mezcla de confianza en sus habilidades y la incertidumbre ante el desafío monumental que tenían por delante.

El director de la NASA, John Harrison, los recibió con una expresión grave. "Gracias por venir tan rápido," dijo. "La situación es crítica. Estamos enfrentando problemas de comunicación que no podemos resolver. La magnitud de las fallas es mayor de lo que habíamos anticipado."

Los expertos comenzaron su trabajo de inmediato, examinando los sistemas y revisando los datos. La variabilidad en la comunicación y las velocidades de prueba eran desconcertantes. La magnitud y complejidad del problema los dejó sorprendidos. Durante los primeros dos días, trabajaron sin descanso, realizando pruebas y tratando de identificar la causa raíz.

Accidentes y Revelaciones

El 7 de junio, ocurrió el primer accidente grave. Un satélite de comunicaciones, al perder contacto con su estación base, se desvió de su órbita programada y colisionó con un satélite meteorológico. La colisión causó una nube de escombros espaciales, añadiendo una nueva capa de peligro al problema ya existente.

Al día siguiente, un segundo accidente sacudió al equipo. Durante una prueba de comunicación de alta velocidad, una fluctuación inesperada en los datos provocó una sobrecarga en un sistema de navegación aérea. Un avión comercial, que dependía de estos datos para su sistema de piloto automático, experimentó una pérdida momentánea de control. Afortunadamente, los pilotos recuperaron el control manualmente, evitando una catástrofe. Sin embargo, el incidente dejó en claro que la crisis era una amenaza directa para la seguridad humana.

Con cada nueva complicación, la presión sobre el Comité aumentaba. La situación se volvía más desesperada y la necesidad de una solución inmediata era palpable. Klaus, Hiroshi, Ji-Hoon y Amélie sabían que tenían que trabajar más duro, ser más innovadores y mantenerse unidos frente a la adversidad.

Desacuerdos Internacionales

Mientras el equipo enfrentaba la creciente lista de problemas técnicos, surgieron desafíos políticos. Rusia, un actor clave en el ámbito de las telecomunicaciones y la exploración espacial, decidió no cooperar. El gobierno ruso, alegando razones de seguridad nacional y desconfianza en la ONU, mandó observadores a las discusiones, pero se negó a compartir información o recursos.

Esta falta de cooperación complicó aún más la tarea del Comité. Las redes de telecomunicaciones son interdependientes y la falta de datos de una nación tan influyente como Rusia creó lagunas en la comprensión del problema. Sin embargo, los cuatro expertos sabían que no podían permitirse perder el enfoque. La comunicación con la comunidad internacional y la gestión diplomática de la situación se volvieron tan cruciales como las soluciones técnicas que buscaban.

Un Destello de Esperanza

El 9 de junio, después de días de trabajo intensivo y noches sin dormir, el equipo comenzó a ver patrones en los datos. Hiroshi, con su experiencia en redes de alta velocidad, sugirió que las fallas podían estar relacionadas con un aumento inusual en la actividad solar. Ji-Hoon propuso que los sistemas de comunicación estaban siendo atacados por un tipo de malware altamente sofisticado, posiblemente aprovechando estas fluctuaciones.

Klaus y Amélie trabajaron juntos para desarrollar una serie de pruebas y contramedidas. Mientras tanto, se comunicaron con otros expertos internacionales, incluyendo aquellos en agencias y universidades de renombre, para reunir más datos y validar sus teorías. La colaboración global, a pesar de los desafíos políticos, comenzó a mostrar resultados.

Conclusión: Un Rayo de Esperanza

El trabajo del Comité recién comenzaba, y aunque los desafíos eran inmensos, también lo era su determinación. Cada uno de ellos llevaba la responsabilidad de miles de millones de personas en sus hombros. La magnitud de las fallas en las telecomunicaciones había quedado clara, y la urgencia de una solución era más evidente que nunca.

Enfrentando un mundo al borde del caos, estos cuatro expertos sabían que su misión no era solo reparar sistemas, sino también restaurar la fe en la capacidad de la humanidad para unirse y superar cualquier desafío. La primera fase de su misión estaba en marcha, y aunque el camino por delante era incierto, había un rayo de esperanza iluminando su camino.

El Comité se preparó para los días venideros, con el conocimiento de que cada esfuerzo, cada descubrimiento y cada acto de cooperación podría significar la diferencia entre el colapso y la estabilidad global. Con el apoyo de la ONU y la mirada del mundo puesta en ellos, avanzaron con renovada determinación hacia la solución del misterio que amenazaba con desestabilizar el equilibrio frágil pero vital de nuestras telecomunicaciones globales.

Capítulo 3: Un Nuevo Héroe en la Escena

El 9 de junio, el Comité Técnico de Expertos Internacionales se encontraba en una encrucijada. Tras días de arduo trabajo, aún no habían encontrado una solución definitiva a la crisis de telecomunicaciones. Las teorías sobre la actividad solar y el malware sofisticado parecían plausibles, pero ninguna ofrecía una respuesta completa. Fue entonces cuando Hiroshi Takeda, el ingeniero japonés, hizo una sugerencia que cambiaría el curso de los eventos.

La Sugerencia de Hiroshi

"Conozco a alguien que podría ayudarnos," dijo Hiroshi en una reunión del Comité. "Se llama Eneas Robinson. Es un investigador del CINVESTAV en México. Tiene publicaciones que abordan problemas similares a los que estamos enfrentando."

Klaus Müller, el ingeniero alemán, frunció el ceño. "¿Estás seguro de que puede manejar algo de esta magnitud?"

Hiroshi asintió. "Eneas es brillante. Es conocido por su enfoque innovador y su capacidad para liderar equipos bajo presión. Además, tiene una personalidad única que podría ser crucial para motivar a nuestro equipo en estos tiempos difíciles."

El Llamado a Eneas

Eneas Robinson era un hombre de 45 años con una presencia imponente y carismática. Su liderazgo en el CINVESTAV era legendario; exigía mucho de sus colaboradores, pero también los inspiraba a superar sus límites. Había dedicado su vida a la investigación y el desarrollo tecnológico, pero su vida personal estaba marcada por la complejidad. A los 35 años, se enteró que tenía una hija de la que no había sabido nada hasta entonces. Este desconocimiento había sacudido su mundo, llevándolo a replantearse muchas cosas.

Eneas también había luchado por encontrar una pareja con quien consolidar una relación estable, un conflicto que lo acompañaba incluso en sus momentos de mayor éxito profesional. Sin embargo, su dedicación al trabajo y su amor por la música, la literatura y el ejercicio le daban un equilibrio único que muchos admiraban.

El 11 de junio, Eneas recibió una llamada urgente de la ONU. Le explicaron la situación y la necesidad de su experiencia. Sin dudarlo, aceptó unirse al Comité y viajar a Francia. Sabía que esta era una oportunidad para hacer una diferencia significativa y quizás encontrar respuestas a preguntas que habían estado rondando su mente durante años.

Llegada a Francia

Eneas llegó a París el 12 de junio. Mientras se dirigía al Ministerio en Francia, no pudo evitar admirar la ciudad. París, con su mezcla de historia y modernidad, reflejaba la dualidad de su propia vida: un hombre atrapado entre su pasado y sus aspiraciones futuras.

Al llegar, fue recibido por Juliette Moreau, la jefa de logística, una rubia muy hermosa como de 35 años vestida muy fresco y con mucha personalidad. Eneas, siempre galante, la saludó con una sonrisa y un cumplido que hizo que ella se ruborizara ligeramente.

"Es un placer conocerte, Juliette. He oído poco del Comité. Es un honor colaborar contigo."

Juliette sonrió, un poco sorprendida por el encanto de Eneas. "El placer es mío, Eneas. Estamos ansiosos por su incorporación."

Revisión y Descubrimientos

Eneas se sumergió en el trabajo inmediatamente. Revisó los datos, las teorías y las pruebas realizadas hasta el momento. Su mente analítica trabajaba a una velocidad vertiginosa, conectando puntos y buscando patrones. Después de horas de análisis, llegó a una conclusión preliminar.

"Esto se parece a algo que investigué hace unos años," dijo Eneas al Comité durante una reunión. "Pero nunca había visto algo de esta magnitud. Las fallas parecen ser una combinación de factores naturales y artificiales. Creo que necesitamos la opinión de un experto en inteligencia artificial y sistemas complejos."

"¿Tienes a alguien en mente?" preguntó Ji-Hoon Park, el experto en ciberseguridad coreano.

"Sí," respondió Eneas. "Conozco a un investigador en China, el Dr. Li Wei. Es un experto en sistemas de inteligencia artificial aplicados a las telecomunicaciones. Creo que podría ser crucial para entender completamente lo que está sucediendo."

El Comité estuvo de acuerdo en invitar al Dr. Li Wei a unirse a ellos. La crisis requería la colaboración de las mentes más brillantes del mundo, y cada nueva perspectiva era valiosa.

Un Encuentro Inesperado

Al final del arduo día de trabajo lo llevaron a su alojamiento, Eneas y Juliette compartieron una conversación que fue más allá del trabajo. Descubrieron intereses comunes, como la música y la literatura. Eneas ingresó a su cuarto seguido por Juliette y, notó que no tenía intención de retirarse, lo escuchaba fascinada. Ella le preguntó ¿No tiene hambre?.

Ah era para eso, sería un honor me acompañara a cenar. Se dirigieron al restaurante, donde les ofrecieron algo ligero porque ya era muy tarde. Para retirarse ella pidió una botella de vino tinto para llevar.

En el trayecto "¿Porque exclamó que si era para eso, cuando salimos?" preguntó Juliette. Y agregó: ¿Se le ocurría algo? ¿Debe estar muy cansado? Y Eneas contestó: pruébeme. Es en serio, Le voy a tomar la palabra, seductoramente dijo Juliette, comencemos con una copa.

Eneas sonrió. Ya en la habitación, ella sirvió las dos copas y comenzaron a disfrutar el vino. Acercándose, ella dió un sorbo a su copa y besando a Eneas le convido el trago. A lo que Eneas contestó besándola apasionadamente los labios y el cuello.

Juliette lo comenzó a desvestir y él hizo lo mismo, encontrando ropa sumamente sensual y un cuerpo escultural. Ambos compartieron su excitación violentamente de tal manera que no se podía saber quién comenzó. En este inicio Juliette le susurró "Eres un hombre fascinante, Eneas. Parece que tienes muchos talentos ocultos."

Eneas se encogió de hombros modestamente. "Solo trato de equilibrar mi vida. Todos necesitamos algo que nos mantenga centrados."

La conexión entre ellos era innegable. Ya desnudos Eneas cargó a Juliette a la recamara donde ardientemente se entendieron llegando algo tarde a su plenitud.

Más tarde, al amanecer Juliette se encontró intrigada y cautivada por la personalidad de Eneas. Y él agradeciendo y disfrutando la espiritualidad y majestuosidad de la francesa. La tensión del trabajo y la crisis parecía disiparse momentáneamente en su idilio.

La Conclusión

En Francia, el Comité se sorprendió más de la complejidad. Estaban estancados y no lograban entender la naturaleza de las fallas en las telecomunicaciones. Pero también, con cada paso, el Comité especulaba con improvisadas teorías en medio del caos que los rodeaba.

Eneas, con su mezcla de habilidades y conflictos personales, se estaba convirtiendo en una figura central en la lucha por resolver la crisis. Su presencia no solo aportaba conocimientos técnicos, sino también un liderazgo inspirador que motivaba al equipo a seguir adelante a pesar de los desafíos.

El Comité, ahora con Eneas a bordo, estaba listo para enfrentar los días venideros con una renovada esperanza y determinación. La batalla por restaurar la estabilidad en las telecomunicaciones globales continuaba, y cada miembro del equipo sabía que su papel era crucial. En este viaje, descubrirían no solo soluciones técnicas, sino también la fortaleza y la humanidad que los unía en la lucha por un objetivo común.

Todos en reconocimiento a la trayectoria del Dr. Müller, decano del grupo, no tuvieron inconveniente en reconocerlo como Coordinador y vocero del Comité.

Capítulo 4: Bloqueo y Desesperación

Viaje a Japón

El 16 de junio, el Comité Técnico de Expertos Internacionales se trasladó a Japón, donde la situación de las telecomunicaciones se había deteriorado drásticamente. Las fallas habían bloqueado gran parte del país, paralizando no solo las comunicaciones, sino también infraestructuras críticas y servicios esenciales. Los expertos sabían que tenían que actuar rápido para evitar un colapso total.

Al llegar a Tokio, fueron recibidos por un equipo de funcionarios japoneses que los guiaron hacia el centro de control de emergencias. El ambiente era tenso, con técnicos trabajando frenéticamente, intentando mantener un mínimo de estabilidad en los sistemas.

Eneas Robinson, con su característica determinación y energía, tomó la iniciativa. "Necesitamos formar cuadrillas y aprovechar nuestra inspección al máximo. No tenemos tiempo que perder."

Hiroshi Takeda, el experto japonés, asintió. "Dividámonos en equipos para abarcar más terreno. Cada uno de nosotros supervisará una zona diferente y reportará cualquier hallazgo significativo."

La Resistencia de China

Mientras el equipo se desplegaba por Tokio, surgieron noticias preocupantes. China había decidido no autorizar la integración del Dr. Li Wei al Comité. La razón oficial era la preocupación por la seguridad nacional, pero muchos sospechaban que había motivos políticos más profundos.

Eneas sintió una ola de frustración. Sabía que la experiencia del Dr. Li Wei podría ser crucial para resolver la crisis. Decidió hablar directamente con la jefa de protocolo del equipo chino, Mei Ling, con la esperanza de persuadirla para que reconsiderara la decisión.

Una Noche en Tokio

Esa noche, Eneas y Mei Ling se encontraron en un elegante restaurante en el centro de Tokio. La ciudad, a pesar de las fallas en las telecomunicaciones, seguía vibrante y llena de vida. Eneas, siempre galante, no perdió la oportunidad de halagar a Mei Ling.

"Mei, debo decir que Pekin es una ciudad fascinante, y tú eres su mejor embajadora," dijo con una sonrisa.

Mei Ling, una mujer de gran inteligencia y elegancia, se sonrojó ligeramente. "Gracias, Eneas. Es un honor escuchar eso de alguien tan respetado como tú."

La conversación fluyó con naturalidad. Eneas habló de su pasión por la música, su amor por la literatura clásica y su dedicación a su trabajo. Mei Ling, por su parte, compartió historias de su vida en Beijing y su carrera en el servicio diplomático.

Finalmente, Eneas abordó el tema principal. "Mei, realmente necesitamos la ayuda del Dr. Li Wei. Esta crisis es demasiado grande para que la enfrentemos solos. La cooperación internacional es crucial."

Mei Ling suspiró. "Lo entiendo, Eneas. Pero la decisión no está en mis manos. Hay muchas preocupaciones políticas en juego."

Eneas tomó la mano de Mei Ling y la miró a los ojos. "Sé que puedes hacer la diferencia, Mei. Por favor, haz todo lo posible para que esto ocurra."

Mei Ling asintió, visiblemente conmovida por la sinceridad de Eneas. "Haré lo que pueda, te lo prometo."

La Crisis en Alemania

Mientras el Comité seguía trabajando en Japón, llegó una noticia devastadora: Alemania estaba paralizada. Las fallas en las telecomunicaciones habían alcanzado un punto crítico, afectando no solo a las infraestructuras civiles sino también a los sistemas de defensa y los servicios de emergencia. La ONU, alarmada por la situación, ordenó al equipo de expertos que se trasladara a Alemania de inmediato.

El Comité se despidió de Japón con la esperanza de haber dejado una base sólida para continuar la lucha contra las fallas. Pero sabían que el desafío en Alemania sería aún mayor. La situación estaba fuera de control y cada minuto contaba.

Desesperación Olímpica

Al llegar a Berlín, el 20 de junio, el Comité fue recibido por una ciudad en caos. Las comunicaciones eran esporádicas, y las autoridades locales estaban al borde del colapso. Klaus Müller, el experto alemán, sintió un profundo dolor al ver su país sumido en tal estado de desesperación.

"No podemos permitir que esto continúe," dijo Klaus, con la voz cargada de emoción. "Debemos encontrar una solución, y rápido."

Mientras el Comité se sumergía en su trabajo, surgió una nueva urgencia. El Comité Olímpico Internacional (COI), desesperado por la falta de progreso, visitó la sede de la ONU en Nueva York. Los preparativos para los Juegos Olímpicos de París 2024 estaban en peligro. Sin una solución a las fallas en las telecomunicaciones, los Juegos, y con ellos los sueños de miles de atletas de todo el mundo, estaban en riesgo.

El presidente del COI, Varick Wagner, expresó su preocupación en una reunión con el Secretario General de la ONU. "No podemos avanzar con nuestros preparativos. Los países participantes están preocupados, y los patrocinadores están reconsiderando su apoyo. Necesitamos una solución, y la necesitamos ahora."

El Secretario General de la ONU, Andrew Brown, asintió con gravedad. "Estamos haciendo todo lo posible, señor Wagner. El Comité de Expertos está trabajando sin descanso. Pero, si es necesario, incorporaremos más personal y recursos para asegurar que los Juegos Olímpicos se realicen sin problemas."

El Camino por Delante

El Comité, ahora con una renovada determinación, continuó su trabajo en Alemania. Con cada nuevo hallazgo, cada prueba y cada fallo, se acercaban más a la solución. Pero también, con cada día que pasaba, la presión aumentaba. Los Juegos Olímpicos de París 2024 se acercaban rápidamente, y el mundo esperaba con ansias una resolución.

El equipo sabía que el camino por delante sería arduo. Pero también sabían que, a pesar de los desafíos, tenían una misión crucial: restaurar las comunicaciones globales y asegurar que los Juegos Olímpicos, símbolo de unidad y esfuerzo humano, pudieran celebrarse.

Capítulo 5: Un Vínculo del Pasado

El 23 de junio marcaba el final de un mes agotador para el Comité Técnico de Expertos Internacionales. A pesar de sus incansables esfuerzos, el origen de las fallas en las telecomunicaciones seguía siendo un misterio. Las teorías se multiplicaban, pero ninguna ofrecía una respuesta definitiva. La presión se intensificaba y la frustración comenzaba a calar en los corazones de los expertos. Fue en este contexto que decidieron establecer su centro de operaciones en Alemania, el país más afectado, esperando que la proximidad a los problemas les proporcionara nuevas pistas.

La Propuesta de Eneas

En una reunión estratégica en Berlín, Eneas Robinson, siempre el líder dispuesto a tomar riesgos, hizo una propuesta audaz. "Conozco al Dr. Li Wei de mi tiempo en la Universidad de Tsinghua. Tenemos una relación de respeto mutuo y creo que si pudiera hablar con él en persona, podríamos avanzar significativamente. Estoy dispuesto a viajar a China y llevarle la información crítica que hemos recopilado."

El resto del Comité escuchó con atención. Klaus Müller fue el primero en hablar. "Eneas, estás sugiriendo que abandones el epicentro de nuestra operación justo cuando más te necesitamos aquí."

Eneas asintió. "Lo sé, Klaus. Pero sin la perspectiva del Dr. Li Wei, podríamos seguir dando vueltas sin llegar a ninguna parte. Creo firmemente que una conversación cara a cara podría ser el catalizador que necesitamos."

Hiroshi Takeda, siempre el pragmático, intervino. "Estoy de acuerdo. Eneas tiene razón. Además, si alguien puede convencer al Dr. Li Wei de cooperar plenamente, es él."

Después de una breve deliberación, el Comité decidió confiar en el juicio de Eneas. La misión estaba en marcha.

Preparativos para el Viaje

Eneas se preparó para el viaje con una meticulosidad que reflejaba la importancia de su misión. Recopiló todos los datos y teorías desarrolladas hasta el momento, creando un dossier exhaustivo. Este documento contenía no solo información técnica, sino también los impactos humanos y económicos de la crisis, con la esperanza de sensibilizar al Dr. Li Wei sobre la urgencia de la situación.

Llegada a China

El 25 de junio, Eneas aterrizó en Beijing, donde lo recibió un aire de tensión palpable. Las relaciones internacionales estaban en su punto más delicado, y la llegada de un experto extranjero no pasó desapercibida. Sin embargo, su conexión previa con el Dr. Li Wei facilitó un encuentro rápido.

El Dr. Li Wei lo recibió en su oficina, un espacio sobrio y lleno de libros y equipos avanzados. Era un hombre de mediana edad, con una mirada penetrante y una mente brillante.

"Eneas, es un placer verte después de tanto tiempo," dijo el Dr. Li Wei, estrechándole la mano con calidez.

"Lo mismo digo, Li Wei. Gracias por recibirme en tan corto plazo."

La Conversación Crucial

Eneas no perdió tiempo, fue directo ¿Alguien lo habrá ocasionado?, ¿Será intencional y se les salió de control?, ¿Qué se dice de este cataclismo mundial? y ¿Que te dice la teoría?. Tranquilo, contesto Li Wei, son muchas preguntas ¿Cuál te contesto primero?. Disculpa, dijo Eneas, es que te necesitamos porque estamos atorados . Procedió a desplegar el dossier sobre la mesa. "Estamos enfrentando una crisis sin precedentes. Estas fallas están paralizando no solo las comunicaciones, sino la vida cotidiana y las operaciones críticas en todo el mundo, como ya debes saber"

El Dr. Li Wei examinó los documentos con detenimiento. "He seguido las noticias, pero estos detalles son alarmantes. Parece que el problema es una convergencia de múltiples factores."

Eneas asintió. "Exactamente. Y necesitamos tu perspectiva para desentrañar esta maraña. Tu experiencia en inteligencia artificial y sistemas complejos podría ser la clave para entender lo que estamos pasando por alto."

El Dr. Li Wei se sumió en un profundo pensamiento. Después de unos minutos, levantó la vista. "Tengo algunas ideas, pero necesito acceso a más datos en tiempo real y la posibilidad de colaborar directamente con el resto del Comité. Si puedo trabajar en un entorno donde toda la información fluya sin restricciones, podríamos avanzar más rápido."

Eneas vio una chispa de esperanza. "Entonces, ¿vendrás a Alemania? ¿Podemos contar contigo?"

El Dr. Li Wei asintió lentamente. "Sí, iré. Pero hay condiciones. Necesitamos asegurarnos de que todas las partes involucradas estén dispuestas a cooperar sin reservas. Esta es una crisis global y requiere una respuesta global."

Otro Encuentro Inesperado

Se despidieron los dos investigadores más afectuosamente, al sentirse unidos por ser parte del proyecto más importante de sus vidas. Como Eneas tenía boleto de regreso hasta la tarde del siguiente día, Se comunicó, inmediatamente, defectuosamente con el Dr. Müller para hacerle participe de su satisfacción porque se cumplió el objetivo. De que no fue infructuoso el viaje y se lo comunicara al resto del equipo. Además, para iniciar las gestiones de su incorporación, una vez de que se hiciera oficial.

Viajó al aeropuerto con la intención de adelantar su regreso, encontrando, como era la situación mundial, un gran descontrol, y la respuesta, de que todos los vuelos estaban saturados y, que algunos los estaban cancelando. Explicación, que suponía, que esperaba fuera más favorable en su caso.

Pasando por la puerta de llegadas internacionales se vieron a los ojos y , a algo más, dos preciosidades chinas parecidas. Que fueron a recibir a alguien. Eran de diferentes edades, una mayor que otra, resultó ser madre e hija. Eneas,, sin perder tiempo decidió lanzar el anzuelo, preguntó ¿Si tenían alguna opinión del Hotel Howard Johnson Paragon?. Adelantandose demasiado coquetamente la joven, le contestó que era sobrio y céntrico. Notando la molestia de su mamá.

Eneas sonrientemente, y también demasiado atrevido, agradeció el comentario. Tomó respetuosamente del codo a la joven, que miraba por el rabillo del ojo a su mamá, y sentía haberlo impresionado. La regresó junto con su mamá, la cuál sensualmente alegró su rostro y, aprovechó para acomodarse el pelo.

Eneas, picaramente les preguntó mirando excitantemente a la mayor ¿Son hermanas?. Porque se parecen mucho. A lo que, nuevamente, la joven se adelantó y contestó, con una mueca, sonriendo y diciendo, será porque ella es mi mamá, ¿Verdad?. En ese momento un llamado de una mujer mayor, también con mucha personalidad y parecida a ellas que venía de la puerta de llegadas , los volvió a la realidad.

Molesta, preguntando ¿Dónde estaban? que no vinieron a ayudarme. Y volvió a preguntar ¿Si ya no quieren que venga, diganmelo?. Eneas rápidamente contestó, no se moleste y menos con ellas, disculpenos yo fui el culpable. Les robé su atención en el peor momento.

De haber sabido que estaban por recibir a tan distinguida reina hubiera traído a mis mariachis. Ahora veo al caballero lisonjero, déjese de sus bellos halagos. La falta está cometida y se han ganado una severa multa. Entonces es ud. cantante mexicano, no lo parece o va comenzando, si no tiene me gustaría ser su representante. En Australia se aprecia toda la música, pero en especial la mexicana y más los "guapos y buenos cantantes"

Bien dijo la mayor, creo que estamos estorbando. no queremos interrumpir su linda iniciativa de escuchar tan animada conversación de dos desconocidos. Y volvió a reaccionar, la interlocutora mayor, pues no se conocen, yo creí que venían juntos. Inmediatamente surgió un silencio que obligaba romperse. Buscando la forma adecuada de iniciar, lo que sentía esta rara presentación, la mamá de la joven no lograba acomodar lo que debía decir. iba a comenzar a hablar, pero fue interrumpida por su mamá.

A ver caballero me presento está hablando con Jia Li Yang, mi nombre significa, "Bueno y Hermoso". Mi hija Jia Yi, significa "Afortunada" y mi encantadora nieta como salta a relucir, acariciándola , Fen significa "Fragancia" y nosotros con ¿Qué mexicano tenemos el gusto? .

Notoriamente resaltan tan encantadoras divinidades, pero no suponía nombres más bellos y predictivos. Yo soy más "sencillito" mi nombre es Eneas Robinson, mexicano como ya saben y mi nombre según dice la literatura significa "La conexión entre el pasado y el futuro". y les adelanto, porque poca gente lo sabe, soy de un equipo que está salvando al mundo.

Bueno pues tanto gusto "Avenger mexicano" dijo Jia Li, todos asentaron con la cabeza la presentación y expresaron "tanto gusto" y Eneas agregó muy "honrado". Y preguntó, dirigiéndose a su hija, ¿A dónde nos vas a llevar a comer?. Pregunta que, otra vez, agarró de sorpresa a los demás. Mamá, dijo Jia Yi, acomodando su linda cabellera atrayente mente, mirando con desconsuelo a los ojos de Eneas, el caballero que acabamos de conocer tendrá cosas que hacer y no debemos distraerlo. Ha sido agradable el haber coincidido.

Se adelantó Eneas y dirigiendose a Jia Li le dijo que les parece comida mexicana, permitanme invitarlas, concedanme ese gran honor, buscquemos un restaurant mexicano. El buen ambiente animó a los recién conocidos y la abuelita y la nieta se percataron de las miradas y atenciones de Eneas a Jia Yi. Fen por su parte en su teléfono celular localizó el Pebbles Courtyard y a el se dirigieron.

El concepto, definitivamente, era muy agradable les sorprendió favorablemente a las invitadas, como era buena hora rapido les asignaron mesa. El servicio muy esmerado revisaron la carta y Eneas, se adelantó, permítanme pedirles un tequila y una botana y de plato fuerte mole poblano, mole verde y pipián. ya para el postre flan, natilla y plátano horneado acompañado con té de manzanilla y café de olla.

Eneas pidió permiso para levantarse, indicando que no tardaba y al poco tiempo regresó con una guitarra y le preguntó a Jia Li si le permitía cantar una canción mexicana y si prefería una en especial indicando "El Rey", que cantó a media voz. A Fen le cantó "Mi Ciudad", recibiendo nutridos aplausos del resto de los comensales. Y cuando le iba a cantar su canción a Jia Yi, el gerente le sugirió si podía subir al escenario y, ahí , se dió gusto con "Mujeres Divinas" y "As time goes by" y se retiraron contentos, muy aplaudidos y la gente pidiendo "otra".

La abuelita se acercó a su hija y, en secreto, le dijo lo acabas tú o lo acabo yo. Eneas les pidió le permitieran acompañarlas a su casa. Ya en su domicilio la abuelita y la nieta, Eneas y Jia Yi pidieron permiso para ir a tomar una copa a algún bar.

Eneas comenzó a dirigirse a su hotel hablando de las bellezas de México y besando y seduciendo a Jia Yi. Ya en el cuarto de su hotel comenzaron el romance dando rienda suelta a la ardiente pasión, que los consumía, y que habían contenido todo el día. Se besaron y acariciaron con la delicadeza de cuidar su propio erotismo. Descubriendo Eneas una sensibilidad y sensualidad femenina que, además, de responder al placer del contacto físico, quien sabe por dónde pero reconfortaba hasta el espíritu.

Capítulo 6: Comité Completo y Nuevas Dinámicas

Un Nuevo Horizonte

El 28 de junio, el Comité en Berlín recibió una llamada inesperada. Mei Ling y el Comité Olímpico Chino, que espera arrasar con medallas en la Olimpiada, habían logrado convencer a las autoridades chinas de permitir que el Dr. Li Wei se uniera al equipo. La noticia trajo un rayo de esperanza en medio de la desesperación.

Eneas sonrió al recibir su llamada posterior de Mei Ling. "Gracias, Mei. Has hecho algo increíble."

"Solo espero que puedan encontrar una solución," respondió Mei Ling. "El mundo entero está contando con ustedes."

Con la llegada del Dr. Li Wei, el Comité estaba más fuerte que nunca. Los expertos sabían que aún había muchos desafíos por delante, pero también sabían que juntos podían enfrentarlos. La cooperación internacional, aunque frágil, se estaba fortaleciendo día a día.

Tan pronto llegó el nuevo experto , el Comité se reunió de inmediato para integrar al Dr. Li Wei y ponerlo al tanto de todos los desarrollos recientes. La atmósfera en la sala de conferencias era eléctrica, cargada de anticipación y renovada esperanza

Con el Dr. Li Wei a bordo, el Comité se lanzó a una fase intensiva de trabajo. Eneas, siempre tomando notas y analizando cada detalle, se sintió revitalizado. Había logrado traer a un aliado crucial y, con él, una nueva perspectiva.

El 30 de junio, mientras el equipo trabajaba hasta altas horas de la noche, Eneas reflexionó sobre el camino recorrido. Sabía que el tiempo era crítico y que cada día contaba. Pero también sabía que estaban más cerca que nunca de descubrir el origen de las fallas. Y con el equipo fortalecido por la llegada del Dr. Li Wei, tenían una renovada fe en que podrían superar este desafío.

La lucha continuaba, pero ahora, con una unión más fuerte y una determinación inquebrantable, el Comité estaba listo para enfrentar cualquier obstáculo. La salvación de las telecomunicaciones globales y el éxito de los Juegos Olímpicos de París 2024 dependían de ellos, y estaban decididos a no fallar.

Marion Müller: La Nueva Dinámica

Entre los miembros del Comité, uno de los expertos más destacados era el alemán Klaus Müller. Su experiencia era invaluable, y su dedicación era innegable. Sin embargo, lo que pocos sabían era que su colaboradora más cercana era su hija, Marion Müller.

Marion, con 35 años, era una mujer de gran nivel técnico, formada bajo la estricta orientación de su padre. Su presencia era imponente, con una belleza y distinción que captaban la atención de todos. Marion hablaba cinco idiomas: alemán, inglés, italiano, portugués y japonés. Sin embargo, su carácter era frío y distante, especialmente hacia Eneas.

Desde el primer encuentro, Marion había tratado a Eneas con una antipatía palpable. Para ella, Eneas representaba todo lo que su padre le había enseñado a desconfiar: el carisma fácil, la improvisación frente a la meticulosidad, y la seducción frente a la técnica pura.

La Cena Protocolaria

Para fomentar la cohesión del equipo, Klaus Müller sugirió una cena protocolaria. Sería una oportunidad para que los expertos y sus colaboradores se conocieran mejor fuera del ámbito estrictamente profesional.

La cena se celebró en un elegante restaurante en Berlín. La mesa estaba adornada con flores frescas y velas que creaban una atmósfera cálida y acogedora. Eneas, siempre atento a los detalles, se aseguró de que cada miembro del equipo se sintiera cómodo.

Marion, sin embargo, mantenía su distancia. Sentada al lado de su padre, su actitud era reservada y sus respuestas cortas. Eneas notó la tensión y decidió que esa noche debía ser el momento de limar asperezas.

Después del primer brindis, Eneas se levantó y, con una sonrisa, dijo: "Esta noche es especial porque marca un nuevo comienzo para nuestro equipo. Pero también creo que es importante celebrar nuestras culturas y tradiciones. Marion, he escuchado que disfrutas de la música. Quiero dedicarte unas canciones que espero aprecies."

Con eso, Eneas tomó una guitarra que había traído para la ocasión. Comenzó a tocar "Las Mañanitas", su voz cálida y melodiosa llenando la sala. La sorpresa en el rostro de Marion era evidente. A pesar de su resistencia inicial, no pudo evitar sentirse conmovida por el gesto.

Canciones y Confesiones

La siguiente canción fue "Hermoso Cariño". La melodía suave y las letras románticas parecían derretir lentamente la coraza de Marion. Los demás miembros del Comité observaban en silencio, maravillados por la habilidad de Eneas para conectar con las personas a través de la música.

Finalmente, Eneas tocó "Caruso". La poderosa balada italiana resonó en el restaurante, y para Marion, la emoción era palpable. Las letras, llenas de pasión y melancolía, le recordaron momentos de su propia vida y las luchas que había enfrentado.

Después de la actuación, Eneas se acercó a Marion. "Espero que te haya gustado. Quería mostrarte que, aunque somos diferentes, todos estamos aquí por una razón común."

Marion, con los ojos ligeramente humedecidos, asintió. "Gracias, Eneas. Ha sido... hermoso. Admito que te he juzgado mal. Creo que todos podemos aprender algo de ti."

Una Nueva Comprensión

A partir de esa noche, la relación entre Marion y Eneas cambió drásticamente. Marion comenzó a ver más allá del exterior carismático de Eneas, reconociendo su profunda dedicación y habilidad para inspirar a otros.

Eneas, por su parte, aprendió a apreciar la meticulosidad y la disciplina de Marion, viendo en ella no solo a una experta técnica, sino a una persona compleja con sus propias batallas internas.

El equipo, fortalecido por esta nueva dinámica, se lanzó de lleno a su trabajo. La incorporación oficial del Dr. Li Wei trajo consigo una ola de nuevas ideas y enfoques. Las sesiones de trabajo se volvieron más intensas, pero también más productivas, con cada miembro aportando su mejor esfuerzo.

Conflictos Personales

Marion, aunque ahora más abierta y colaborativa, seguía luchando con sus propios demonios. La ausencia de su padre en su infancia había dejado cicatrices profundas. Además, el oscuro secreto sobre el plagio de su padre a un moribundo colaborador pesaba en su conciencia. La lucha por reconciliar su admiración por Klaus con esta dolorosa verdad era constante.

Durante una de las pausas en una larga sesión de trabajo, Eneas encontró a Marion en la terraza, mirando pensativa al horizonte. "¿Estás bien?" preguntó con suavidad.

Marion suspiró. "Es complicado. Por momentos recuerdo cosas sobre mi padre que me desconciertan. Siempre lo he admirado, pero en esos momentos... no sé qué pensar."

Eneas asintió, comprendiendo el dolor en sus palabras. "A veces, las personas que más admiramos también tienen sus sombras. Pero eso no invalida todo lo bueno que han hecho. Aprende de sus errores, pero no dejes que te definan."

Un Futuro Prometedor

Iniciaba julio y la preocupación pesaba, el Comité Técnico de Expertos Internacionales se enfrentaba a retos cada vez mayores. Sin embargo, la cohesión y la confianza en el equipo habían crecido enormemente. La cercanía de los Juegos Olímpicos de París 2024 añadía una presión constante, pero también un propósito claro.

Con la fortaleza de su unión y la diversidad de sus talentos, el equipo se acercaba cada vez más a encontrar una solución a la crisis de las telecomunicaciones. Eneas y Marion, desde sus distintas perspectivas, se habían convertido en pilares fundamentales del Comité, demostrando que, a través del respeto y la colaboración, cualquier desafío podía ser superado.

Y así, con una nueva comprensión y un objetivo compartido, el equipo miraba hacia el futuro con esperanza, listos para enfrentar lo que viniera y asegurar que los Juegos Olímpicos fueran un éxito y que el mundo volviera a estar conectado.

Capítulo 7: La Sombra de la Conflagración

La Crisis Crece

El 5 de julio, el Comité Olímpico Internacional (COI) y el Gobierno Francés enfrentaban una crisis sin precedentes. A medida que la fecha de los Juegos Olímpicos de París 2024 se acercaba, la presión aumentaba exponencialmente. La opinión pública mundial estaba inquieta, y los rumores sobre la posible cancelación de los juegos se extendían como un reguero de pólvora.

El turismo, vital para la economía local, comenzaba a sufrir las consecuencias. Cancelaciones masivas de reservaciones de hoteles y vuelos amenazaban con dejar a París desierta en uno de sus eventos más esperados. Algunos comités nacionales de deporte evaluaban la posibilidad de retirar a sus atletas, mientras que los deportistas mismos exigían una pronta resolución del problema de las telecomunicaciones. Otros grupos de atletas, en un gesto de unidad y desesperación, protestaban violentamente en la Torre Eiffel y en las Oficinas del Comité Organizador.

La Convocatoria de la ONU

Ante esta situación crítica, la ONU decidió tomar cartas en el asunto. Lilia Álvarez, la Directora de Operaciones de la ONU, convocó de manera urgente al Comité Técnico de Expertos Internacionales para que reportara sus avances. La reunión se llevaría a cabo en una videoconferencia global, donde se determinaría el futuro de los Juegos Olímpicos.

Lilia, una mujer de carácter firme y mirada serena, abrió la reunión con un tono que reflejaba la gravedad del momento. "Estamos aquí hoy porque el mundo entero está preocupado. Necesitamos respuestas claras y definitivas sobre el estado de las telecomunicaciones y la viabilidad de los Juegos Olímpicos. El tiempo es esencial."

El Informe del Comité

Klaus Müller, el experto alemán y vocero del Comité, rodeado por su equipo de colaboradores, tomó la palabra. Su rostro mostraba signos de fatiga, pero también de determinación. "Gracias, Lilia. Comprendemos la urgencia y la presión bajo la cual estamos todos. Me complace informar que hemos tenido grandes avances. Hemos identificado y comenzado a aislar el efecto de una poderosa onda magnética que golpeó inesperadamente al planeta Tierra."

El silencio en la sala virtual era palpable. Todos los ojos estaban puestos en Klaus, esperando más detalles.

Klaus continuó: "Gracias a la colaboración y los esfuerzos conjuntos de nuestro equipo, las telecomunicaciones se están normalizando gradualmente. Estimamos que en cinco días todo volverá a la normalidad."

Reacciones y Emociones

La declaración de Klaus provocó una ola de reacciones. Los representantes del COI y el Gobierno Francés intercambiaron miradas de alivio, aunque todavía quedaba una sombra de incertidumbre. Los periodistas presentes comenzaron a teclear furiosamente en sus dispositivos, transmitiendo la esperada noticia al mundo.

Eneas Robinson, sentado al lado de Klaus, observaba atentamente. Sabía que aunque la noticia era positiva, el desafío no había terminado. Las expectativas sobre el equipo eran más altas que nunca, y cualquier retraso o fallo podría ser desastroso.

La Respuesta de Lilia Álvarez

Lilia Álvarez tomó un momento para absorber la información antes de hablar. "Agradezco su informe y el arduo trabajo que han realizado. Sin embargo, debemos ser realistas y considerar todas las posibilidades. ¿Qué tan seguros están de que este problema estará completamente resuelto en cinco días?"

Eneas intervino con confianza. "Lilia, entendemos las dudas, pero basados en nuestros análisis y los avances recientes, estamos seguros de que podemos cumplir con ese plazo. La onda magnética fue un evento extraordinario, pero hemos logrado neutralizar sus efectos más graves. Pedimos que confíen en nosotros y en el trabajo que estamos realizando."

Lilia asintió lentamente. "Entendido, Eneas. Pero sepan que el mundo entero estará pendiente de estos cinco días. La responsabilidad que recae sobre ustedes es inmensa."

La Cena de Reflexión

Esa noche, después de la intensa reunión, el Comité decidió tener una cena juntos para relajarse y reflexionar. Habían trabajado sin descanso, y era crucial mantener el espíritu de equipo.

El ambiente en el restaurante era una mezcla de cansancio y esperanza. Eneas, siempre atento a las necesidades emocionales del grupo, levantó su copa. "A todos ustedes, quiero agradecerles por su dedicación y compromiso. Estamos haciendo historia, y sé que, juntos, lo lograremos."

Marion, que había comenzado a ver a Eneas con nuevos ojos, asintió y levantó su copa también. "Por la cooperación y la fuerza de nuestro equipo. Vamos a superar esto."

La Cuenta Regresiva

Los días que siguieron fueron una mezcla de trabajo frenético y esperanza cautelosa. El equipo se dividió en grupos, cada uno enfocado en diferentes aspectos del problema, asegurándose de que ninguna piedra quedara sin remover.

El 10 de julio, justo en el plazo prometido, el Comité Técnico de Expertos Internacionales realizó una última prueba exhaustiva de las telecomunicaciones. La tensión era palpable, pero cuando los resultados confirmaron que las redes estaban funcionando a plena capacidad, una ola de alivio inundó la sala

La Opinión Pública y el Respiro del COI

El COI y el Gobierno Francés, inicialmente asediados por la presión mediática y la preocupación pública, comenzaron a sentir un alivio tangible. Las noticias sobre la normalización de las telecomunicaciones se difundieron rápidamente, y la opinión pública se volvió más optimista. Las reservas de turismo comenzaron a recuperarse, y los atletas, que habían estado al borde de la desesperación, encontraron nueva esperanza.

Sin embargo, el COI no bajó la guardia. En reuniones con el Comité de Expertos, insistieron en la necesidad de mantener una comunicación constante y de tener planes de contingencia listos para cualquier eventualidad. El mensaje era claro: el éxito de los Juegos Olímpicos dependía de la capacidad de reacción ante cualquier imprevisto

Eneas, con una sonrisa de triunfo, miró a sus colegas. "Lo logramos. Ahora, todo depende de nosotros para mantener esta estabilidad."

El Comité Olímpico Internacional y el Gobierno Francés recibieron la noticia con alivio y entusiasmo. Los Juegos Olímpicos de París 2024 seguirían adelante, y el mundo celebraría no solo el espíritu deportivo, sino también la capacidad humana de unirse frente a la adversidad.

Una Cena de Reconocimiento

El 15 de julio, el COI organizó una cena de reconocimiento para el Comité Técnico de Expertos Internacionales en el lujoso Hôtel de Crillon en París.

Fue una noche para honrar el trabajo incansable del equipo y celebrar los avances logrados.

Lilia Álvarez, la Directora de Operaciones de la ONU, fue la anfitriona de la noche. "Hoy celebramos no solo los logros técnicos, sino también el espíritu de cooperación internacional que ha hecho posible estos avances. Agradezco a cada uno de ustedes por su dedicación y compromiso."

Eneas, siempre dispuesto a aprovechar cualquier oportunidad para fortalecer los lazos del equipo, se levantó para hablar. "Este éxito es el resultado del esfuerzo conjunto de personas de diferentes naciones, unidas por un propósito común. Que esta noche sea un recordatorio de lo que podemos lograr cuando trabajamos juntos."

La Última Prueba

A medida que se acercaba la fecha de inauguración de los Juegos Olímpicos, el Comité Técnico de Expertos Internacionales realizó una última serie de pruebas exhaustivas. El 20 de julio, a tan solo seis días de la inauguración, se llevó a cabo una simulación completa de todos los sistemas de telecomunicaciones necesarios para los Juegos.

El éxito de estas pruebas fue un momento de triunfo para el equipo. Los sistemas respondieron perfectamente, y las telecomunicaciones demostraron ser robustas y estables. El COI y el Gobierno Francés, que habían estado esperando con ansiedad, recibieron la noticia con una mezcla de alivio y alegría.

Capítulo 8: Gasolina al Fuego

El trabajo del Comité Técnico de Expertos Internacionales había sido agotador. El equipo, compuesto por algunos de los mejores talentos en telecomunicaciones del mundo, había enfrentado un reto sin precedentes, con la presión de miles de millones de personas sobre sus hombros. Las largas jornadas, las noches en vela y el constante estrés habían pasado factura en cada uno de los expertos y sus colaboradores.

El Resurgir del Problema

El 15 de julio, justo cuando comenzaban a sentir un respiro, la calma se rompió. Las intermitencias en las telecomunicaciones regresaron, esta vez afectando a Francia y al centro de Europa. La noticia cayó como un balde de agua fría sobre el equipo. La tensión y el agotamiento volvieron a hacer mella en sus rostros. Su arduo trabajo había fallado inexplicablemente.

Los informes comenzaron a llegar rápidamente, confirmando la aparición de las variaciones. Coincidiendo con la desaparición de algunos expertos. Primero desapareció el coreano Ji-Hoon Park sin dejar rastro. Luego, el japonés Hiroshi Takeda. La angustia alcanzó su punto máximo cuando Eneas y Marion fueron secuestrados en un acto de solidaridad frustrado.

En esta ocasión no era una falla provocada por un fenómeno natural, sino un acto de la delincuencia organizada, era un delito provocado por la eliminación de los reforzamientos y soportes instalados por el Comité en los puntos estratégicos que sólo conocían y tenían acceso los expertos, por eso los raptaban. Y con ello vieron la oportunidad de cometer grandes desfalcos en corto periodo de tiempo.

El Secuestro y la Traición

Eneas había visto a Marion salir llorando y decidió seguirla para reconfortarla, en ese momento fueron emboscados. Pronto se encontró cautivo de la mafia siciliana, junto a Marion, en una oscura y húmeda bodega en algún lugar de la campiña italiana. Fue ahí donde descubrió la traición de un antiguo ex galán de Marion y excolaborador de su padre, quien ahora estaba involucrado en un plan de extorsión y sabotaje masivo.

"Tu padre robó el trabajo de un moribundo y a eso debe su prestigio, pero ahora, me voy a encargar de darlo a conocer," o "Cooperas con nosotros y te vas conmigo tan pronto cumplamos el objetivo"le dijo el hombre a Marion. Mientras Eneas escuchaba con furia contenida. Marion, con lágrimas en los ojos, se enfrentaba a un dilema moral y personal. La posible revelación del plagio de su padre la había dejado devastada,. Tenía que decidir o su padre o ella.

Un Plan Desesperado

Eneas, usando su astucia y habilidad para manipular la tecnología, fingió cooperar con la mafia. Con promesas de grandes sumas de dinero y la seguridad de Marion como cebo, jugó el juego de sus captores mientras buscaba desesperadamente una salida. Sabía que cualquier error podría costarles la vida a ambos y a los otros expertos desaparecidos.

"Marion, escucha, necesito que confíes en mí," le dijo Eneas en un susurro durante un breve momento de privacidad. "Voy a hacerles creer que estoy de su lado, pero necesito que estés preparada para actuar cuando te lo diga."

Con una mezcla de valentía y desesperación, Eneas comenzó a enviar señales codificadas a la policía internacional a través de las telecomunicaciones manipuladas. Cada mensaje era un riesgo, pero también una esperanza de rescate.

El Rescate

Finalmente, el 20 de julio, después de días de incertidumbre y peligro, la policía internacional lanzó una operación quirúrgica y coordinada para rescatar a los expertos. La intervención fue precisa y efectiva, basada en la información detallada que Eneas había logrado transmitir. En la confusión del asalto, el antiguo ex galán de Marion fue abatido por la policía mientras intentaba huir.

La Reconstrucción del Comité

Con todos los expertos reunidos nuevamente, el Comité Técnico de Expertos Internacionales se reconstituyó rápidamente para continuar con su vital trabajo. El monitoreo del buen funcionamiento de las telecomunicaciones, tanto olímpicas como mundiales, se convirtió en su máxima prioridad. Informes de todo el mundo llegaban a raudales, y cada uno era analizado con detenimiento para asegurar que no hubiera más anomalías.

La Reagrupación

De vuelta en la base de operaciones en París, el Comité Técnico de Expertos Internacionales se reunió para evaluar la situación y seguir adelante con su misión. A pesar del trauma, su determinación era más fuerte que nunca. La colaboración y el apoyo mutuo se convirtieron en su fuerza motriz.

"Tenemos una responsabilidad con el mundo," dijo Eneas en una reunión del Comité. "No podemos permitir que este tipo de maldad gane. Debemos asegurarnos de que los Juegos Olímpicos se lleven a cabo sin más interrupciones."

Marion, más cercana a Eneas que nunca, encontró en él un aliado y un amigo. Juntos, lideraron el esfuerzo para restaurar completamente las telecomunicaciones y garantizar la seguridad de los eventos.

La Resolución

El 24 de julio, a solo dos días de la inauguración de los Juegos Olímpicos, el equipo había logrado lo que parecía imposible. Las telecomunicaciones estaban nuevamente estables y seguras. Los sistemas de monitoreo en tiempo real se mantenían en alerta máxima, listos para detectar y neutralizar cualquier amenaza.

El COI y el Gobierno Francés, impresionados por la resiliencia y el éxito del equipo, solicitaron a la ONU que mantuviera unido al Comité de Expertos hasta el final de los Juegos Olímpicos. Esta solicitud fue recibida con gratitud y determinación por parte del equipo.

Un Futuro Incertidumbre

Mientras los Juegos Olímpicos iban a comenzar, con el mundo observando y celebrando, el Comité Técnico de Expertos Internacionales permanecía en alerta. Habían superado pruebas increíbles, pero también habían aprendido lecciones valiosas sobre la fragilidad y la fortaleza de la cooperación humana.

Capítulo 9: La Promesa del Futuro

La Inauguración de los Juegos Olímpicos

El 26 de julio, el mundo entero sintonizó para ver la ceremonia de inauguración de los Juegos Olímpicos de París 2024. La Torre Eiffel, iluminada con los colores del arco iris, fue el escenario de un espectáculo deslumbrante que celebró la unidad, la paz y el esfuerzo humano.

El Dr. Müller, el Dr.Takeda, y los demás miembros del Comité Técnico de Expertos Internacionales se encontraban en una sala de control en el corazón de París, monitoreando cada segundo de la transmisión. Cada vez que una señal se transmitía con éxito, había una oleada de aplausos y abrazos. Habían logrado lo que muchos consideraron imposible.

El Legado del Comité

La labor del Comité Técnico de Expertos Internacionales no solo aseguró el éxito de los Juegos Olímpicos de París 2024, sino que también estableció un nuevo estándar para la cooperación internacional en tiempos de crisis. La ONU, reconociendo la importancia de esta colaboración, decidió mantener al Comité como un grupo permanente de respuesta rápida para futuras emergencias globales.

Un Futuro Brillante

Mientras el mundo celebraba los Juegos Olímpicos y los atletas competían por la gloria, el legado del Comité Técnico de Expertos Internacionales perduraba. Habían demostrado que, incluso en los momentos más oscuros, la colaboración y el espíritu humano podían superar cualquier desafío.

El Triunfo de la Cooperación Internacional

El Comité Técnico de Expertos Internacionales se convirtió en un símbolo de lo que la cooperación global puede lograr. Con la amenaza de las telecomunicaciones superada, el mundo miraba hacia los Juegos Olímpicos de París 2024 con renovada esperanza y emoción. Los esfuerzos de estos expertos no solo garantizaron la seguridad y el éxito del evento, sino que también demostraron el poder de la unidad y la colaboración internacional.

El Comité, que incluía a Klaus Müller, Ji-Hoon Park, Hiroshi Takeda, Amélie Dubois, Eneas Robinson, y Li Wei, trabajó incansablemente para asegurar que todos los sistemas de comunicación estuvieran operativos y seguros. Cada uno de ellos, con su conocimiento y experiencia únicos, contribuyó a este esfuerzo monumental. Sus nombres se convirtieron en sinónimo de dedicación, inteligencia y sacrificio.

El Papel de la ONU y el COI

El papel de la ONU en coordinar y apoyar al Comité fue crucial. Bajo la dirección de Lilia Alvarez, la ONU se aseguró de que los expertos tuvieran los recursos y el apoyo necesarios para realizar su trabajo. Su liderazgo firme y compasivo fue un faro de estabilidad en tiempos de incertidumbre.

El COI, por su parte, mostró un agradecimiento profundo hacia el Comité. La realización de los Juegos Olímpicos de París 2024, ahora asegurada, se convirtió en un símbolo de resiliencia y esperanza para los atletas y los millones de personas que seguirían el evento en todo el mundo. Los preparativos continuaron con renovada energía, sabiendo que los Juegos serían un éxito.

La Ceremonia de Clausura

El 24 de agosto de 2024, los Juegos Olímpicos de París llegaron a su conclusión con una ceremonia de clausura espectacular. El evento no solo celebró los logros de los atletas, sino también el éxito de la cooperación internacional que había hecho posible los Juegos. En medio de la multitud y las luces brillantes, .

Un Nuevo Comienzo en México

Durante todo el tiempo de la emergencia Eneas y Marion cuidaron de no exhibir su relación para cuidar la imágen profesional del Comité y causar malas impresiones. Aunque era notorio que mantienen una relación afectiva solida que serviría para su proyección profesional.

Lo primero que hizo Eneas con Marion, fue pedirle su autorización para hacer público oficialmente, lo que todos sabían y pedirle se casaran. Marion, aunque estaba dispuesta desde hacía mucho tiempo, el momento la puso tan nerviosa al grado que parecía que no iba a aceptar y se puso a llorar. Dijo ella, más tarde que de alegría.

Más tarde Eneas buscó al Dr. Klaus Müller para comentar algunos detalles finales. Pero, principalmente, para pedirle en matrimonio a Marion. Para tranquilizarlo, le dijo que no se preocupara por el futuro de ella, que lo que sentía por Marion era sólido y sincero. Y que él cuidaría que no le faltara nada y que fuera feliz.

Contrajeron matrimonio en una ceremonia sobria e íntima en Francia, para no dejar pasar más tiempo y comenzar a ultimar cuanto antes los ultimos detalles ya como esposos y viajar a México de luna de miel.

Con la finalización de su comisión en septiembre de 2024, Eneas y Marion decidieron hacer un viaje significativo a México. Para Eneas, este viaje representaba la oportunidad de conocer a su hija Jacqueline, a quien no conocía. Sentía una mezcla de nerviosismo y emoción al pensar en la reunión, pero sabía que era un paso crucial en su vida.

Marion, siempre dispuesta a apoyar a Eneas. entendía perfectamente la importancia de este momento para Jacqueline y para él y quería estar a su lado para ofrecerle todo el apoyo necesario. Al llegar a México, Eneas y Marion fueron recibidos con calidez por Jacqueline, quien, a pesar de su corta edad, mostró una madurez sorprendente.

Eneas, emocionado y conmovido, prometió a Jacqueline que haría todo lo posible por ser un buen padre para ella. Sabía que tenía mucho que aprender, pero estaba decidido a cuidar también de su hija.

Durante su tiempo en México, Eneas se aseguró de regularizar su situación laboral en el CINVESTAV y personal, estableciendo una base sólida para su relación con Jacqueline.

Capítulo 10: Más Allá del Horizonte

La Nueva Política Educativa Mundial

Durante este período crítico, la ONU, inspirada por los esfuerzos del Comité, decidió impulsar una nueva política educativa mundial. Esta política tenía como objetivo promover la excelencia tecnológica y científica en todos los países. Se estableció un plan para crear centros de investigación y desarrollo en regiones subdesarrolladas, fomentando el acceso a la educación avanzada y la innovación.

Eneas y Marion, apasionados por la educación y el avance tecnológico, participaron activamente en la formulación de esta política. Se propusieron programas de intercambio internacional, becas para estudiantes talentosos y alianzas con universidades y empresas tecnológicas. La visión era clara: un mundo en el que todos tuvieran la oportunidad de contribuir al progreso global.

La ONU con Poder Renovado

La ONU, revitalizada por su papel crucial en la resolución de la crisis, emergió con un poder renovado. Se establecieron mecanismos estrictos para sancionar a cualquier nación o entidad que intentara desestabilizar la paz y la seguridad globales. Las sanciones eran severas y efectivas, enviando un mensaje claro de que la comunidad internacional no toleraría amenazas a la estabilidad.

Reflexión y Futuro

Al concluir los Juegos Olímpicos de París 2024, el Comité de Expertos reflexionó sobre sus logros y el camino recorrido. Habían enfrentado desafíos monumentales y habían triunfado gracias a su habilidad, valentía y cooperación. El mundo los veía como héroes, pero ellos sabían que su verdadero éxito residía en el impacto duradero de su trabajo.

La nueva política educativa mundial comenzó a mostrar sus frutos. Los centros de investigación en todo el mundo florecieron, y los jóvenes talentos encontraron oportunidades que antes parecían imposibles. La ONU, fortalecida y decidida, continuó promoviendo la paz y el progreso.

Un Legado de Esperanza

El legado del Comité de Expertos se convirtió en una inspiración para futuras generaciones. Su historia de sacrificio, cooperación y éxito resonó en todo el mundo, recordando a todos que, incluso en los momentos más oscuros, la humanidad puede encontrar la luz a través de la unidad y la determinación.

El futuro, aunque incierto, estaba lleno de posibilidades. Con la ONU liderando el camino y el mundo más unido que nunca, había esperanza en cada rincón del planeta. La crisis de las telecomunicaciones había sido un catalizador para un cambio positivo y duradero.

En última instancia, Eneas, Marion y sus colegas demostraron que, más allá del horizonte, siempre hay un nuevo amanecer. La historia de sus vidas y sus logros perdurará como un testimonio de lo que puede lograrse cuando las personas trabajan juntas por un bien común. Mientras el mundo avanzaba, ellos seguían adelante, listos para enfrentar cualquier desafío y construir un futuro mejor para todos.

Epílogo

Querido lector,

Al concluir este emocionante viaje, quiero agradecerte por haberme acompañado a lo largo de esta historia. A mis 71 años, he dedicado mi vida a buscar la superación personal y a inspirar a otros, especialmente a los jóvenes, para que persigan sus sueños y enfrenten los desafíos con valentía y determinación.

Este libro no es solo una narración de eventos impactantes y heroicos. Es un espejo de nuestra realidad, un reflejo de los tiempos difíciles que vivimos y de la esperanza que siempre debe acompañarnos. A través de las peripecias de nuestros protagonistas, hemos explorado la fragilidad y la fortaleza de nuestras telecomunicaciones, y con ello, la interconexión y la interdependencia de nuestra sociedad global.

Hemos visto a un grupo de expertos internacionales enfrentarse a una crisis monumental, superando obstáculos técnicos y personales para proteger la integridad de los Juegos Olímpicos y, en esencia, la estabilidad mundial. Sus historias personales, llenas de pasión, sacrificio y amor, nos recuerdan que, a pesar de nuestras diferencias, somos una sola humanidad, unida por los mismos valores fundamentales.

La importancia de la cooperación, la honestidad, el respeto y la gratitud ha sido el eje central de esta narrativa. Estos valores son los que nos permitirán construir un futuro mejor, un futuro en el que la excelencia académica y tecnológica sea accesible para todos y donde la ONU pueda actuar como un verdadero guardián de la paz y la estabilidad global.

En mi querido México, he aprendido que la responsabilidad y el esfuerzo son los cimientos de cualquier logro. Quiero transmitir a todos los lectores, y en especial a los jóvenes, que nunca deben rendirse. La educación y la capacitación continua son herramientas poderosas que pueden cambiar no solo nuestras vidas, sino también el mundo.

La historia de Eneas y sus compañeros es una inspiración para todos nosotros. Nos muestra que, incluso en las situaciones más desesperadas, la determinación y la unidad pueden prevalecer. Que, a pesar de los conflictos y las diferencias, podemos encontrar puntos de conexión y trabajar juntos para alcanzar metas comunes.

Espero que esta historia haya encendido una chispa en tu corazón, que te haya motivado a ver más allá de los obstáculos y a buscar siempre la superación personal. La aventura de nuestros protagonistas es un recordatorio de que todos podemos ser héroes en nuestras propias vidas, enfrentando los desafíos con coraje y compasión.

Al cerrar este libro, quiero que recuerdes que cada uno de nosotros tiene el poder de hacer una diferencia. Que, con esfuerzo y dedicación, podemos contribuir a un mundo más justo, más seguro y más humano. Gracias por compartir este viaje conmigo. Sigamos adelante, siempre con la mirada en el horizonte y el corazón lleno de esperanza.

Con sincera gratitud,

Zodiaco Carrillo

.

Cd. de México a 18 de junio de 2024.

www.ingramcontent.com/pod-product-compliance
Lightning Source LLC
LaVergne TN
LVHW041217050326
832903LV00021B/677